D1873890

*Für Christopher*

Titel der Originalausgabe:
The Teddy Bears' Christmas
© 1998 Prue Theobalds
by agreement with Uplands Books and small world creations ltd
Copyright für die deutsche Ausgabe:
© 2003 Egmont Pestalozzi Verlag, D-80809 München
Text: Uwe Müller
www.pestalozzi-verlag.de
08 07 06 05 04 03 1 2 3 4 5 6 7 8 9

# Die Teddybären-Weihnacht

*Illustrationen von*
Prue Theobalds

EGMONT PESTALOZZI VERLAG, MÜNCHEN

„Teddy! Teddy, wo bist du?“, ruft Lisa. Ihr Teddy ist verschwunden. Ob die Spuren im Schnee Lisa wohl zu ihrem Teddy führen?

„Verkleide dich aber, bevor du in den Wald gehst!“, piepst ein Vogel geheimnisvoll. „Damit dich keiner erkennt.“ Lisa wundert sich.

Im Wald trifft sich Lisas Teddy heute nämlich mit vielen anderen Teddybären, um gemeinsam Weihnachten zu feiern. Und die Teddys mögen es gar nicht, wenn man sie dabei stört!

Die Teddys aus der ganzen Gegend sind dort. „Was ich wohl geschenkt bekomme?“, überlegt das Teddymädchen mit der rosa Haarschleife. Alle sind schon gespannt auf das große Fest.

Die Teddys freuen sich auf die leckeren Kuchen und Kekse und auf die vielen Süßigkeiten.

Und sie können es kaum erwarten,
zusammen zu spielen.

Ganz tief im Wald schmücken sie einen großen, prächtigen Tannenbaum mit vielen, vielen Lichtern. „Oh, wie schön das glitzert!“, ruft ein Teddy.

Inzwischen machen sich auch Lisas Freunde Sorgen um ihre Teddys. Sie sind neugierig und schleichen sich als Weihnachtsmänner verkleidet in den Wald.

Einige andere Kinder warten lieber
zu Hause, bis die Teddybären-Weihnacht
vorbei ist. „Ich vermisse meinen Teddy
schon richtig!“, seufzt Sara.

Die Teddys sind inzwischen
schon ganz ungeduldig.

„Wann geht es endlich los?“, quengelt der kleine Bär mit dem lila Schal. Er sitzt frierend auf seinem Geschenk: „Ich will jetzt auspacken!“

„Hurra!“, freuen sich die Teddys.
Die große Feier beginnt.

Die kleinen Teddybären mampfen und trinken
und lecken und schlecken: „Mmh, lecker!“

Gut versteckt beobachten die verkleideten Kinder ihre Teddys bei einer wilden Schneeballschlacht.

Als es dunkel wird, werden die Teddys ganz müde. Bestimmt freuen sie sich, wenn ihre Kinder sie jetzt abholen. Auch Lisa kann ihren Teddy endlich wieder in die Arme nehmen. Er hat sicher viel zu erzählen …